Swingtrading met de 4-uurgrafiek

Deel 1: inleiding in de swingtrading

Vertaald vanuit het Duits: Heidi Geuns

Heikin Ashi Trader

DAO PRESS

Inhoud:

1. Waarom swingtrading? 3
2. Waarom je met de 4-uurgrafiek moet handelen 6
3. Welke markten zijn geschikt voor swingtrading? 14
4. Met welke instrumenten kan je aan swingtrading doen? 19
5. Swingtrading setups 22
   A. Ondersteuning en weerstand 22
   B. Dubbele top en dubbele bodem 25
   C. Uitbraken (breakouts) 31
   D. Vlaggen 32
6. Moneymanagement 36
7. Handelsdagboek 37
8. Waar gaat het om? 39

Andere boeken van Heikin Ashi Trader 40

Over de schrijver 47

Impressum 48

1. Waarom swingtrading?

De meeste nieuwkomers op de beurs wagen hun kans met daytrading. Op zich is daar niets mis mee. Als je er goed in bent, kan je met daytrading veel geld verdienen. Als. Het probleem is echter dat veel startende traders de moeilijkheden bij daytrading zwaar onderschatten. Ik som er enkele op:

In deze korte tijdseenheid ga je concurreren met honderdduizenden (meestal jonge) traders die heel goed opgeleid zijn en die zijn uitgerust met de modernste technologie.

Van de zogenaamde algoritmes mag je een niet onbelangrijke concurrentie verwachten. Met andere woorden: je neemt het op tegen dure computerprogramma's die door de slimste mensen werden ontwikkeld.

Bovendien kan je nog meer concurrentie verwachten van de ontbrekende volatiliteit in de laatste jaren. Het gebeurt wel vaker dat typische handelsmarkten zoals AEX, DAX, EUR/USD en olie de hele dag zijwaarts gaan om dan plots, zonder waarschuwing, een grote sprong te maken. Zit je dan wel in de juiste positie?

Jijzelf bent je grootste concurrent. Onderschat niet de psychologische druk die daytrading met zich meebrengt. Veel traders gaan ten onder met deze methode. En het is ook niet omdat je een tijdje succes hebt, dat dit altijd zo zal zijn.

Als je ondanks deze nadelen nog altijd daytrading als de beste methode ziet voor jou, dan go for it!

In tegenstelling tot daytrading is positietrading met daggrafieken of zelfs weekgrafieken een veel aangenamer methode om geld te verdienen op de beurs. En eerlijk gezegd is dit ook de methode die voor de meeste mensen aan te raden is.

Maar let op! Ook hier is er heel wat concurrentie! Hier heb je al met de grote spelers uit de sector te maken: investeringsfondsen, verzekeringen en hedgefondsen, die in een middelgrote periode speculeren met aandelen, indexen, grondstoffen en deviezen.

Deze pools die goed van kapitaal voorzien zijn, zouden bijvoorbeeld op het idee kunnen komen om het aandeel dat je net gekocht hebt in grote aantallen te gaan verkopen. Niet omdat het aandeel plots slecht is geworden. Maar het kan bijvoorbeeld zijn dat ze geld nodig hebben voor een andere investering. Of ze hebben het nodig om hun geërgerde klanten te kunnen uitbetalen. Zoals je ziet is ook "investeren" niet zo eenvoudig. Je kan de beurs net zo goed een gevaarlijk hol noemen, en dan overdrijf je niet eens. Is er dan geen alternatief?

Dat denk ik wel. Dit alternatief noem ik **swingtrading**. Dit is een handelsstijl die zich afspeelt in een periode die voor daytraders te langzaam is en voor investeerders te snel. Met andere woorden: in deze periode bevinden zich heel weinig professionals. Je zal er ook niets over horen. Heb je onlangs in de krant een interessant artikel gelezen over swingtrading? Waarschijnlijk niet.

Over welke periode heb ik het? De grafieken die meestal gebruikt worden door swingtraders zijn uurgrafieken, of nog beter: 4-uurgrafieken. In sommige gevallen werken swingtraders ook met daggrafieken. Dat is een tijdseenheid die zich precies tussen de belegger en de daytrader bevindt. Je valt er precies tussenin, en dat is goed zo, want dan ben je hier bijna alleen.

2. Waarom je met de 4-uurgrafiek moet handelen

Er zijn goede redenen om met de 4-uurgrafiek te werken. De kleinere periodes, zoals de 5-minutengrafiek of de 15-minutengrafiek (typisch voor daytraders) zijn niet representatief genoeg voor de moneyflow. Je ziet hier niet wat het grote geld doet. Maar je kan het wel heel duidelijk zien op de 4-uurgrafiek. Een technisch patroon geeft hier veel meer informatie. Het vertelt ons eerder wie op dat moment de markt controleert: de stieren of de beren. Dat wil je als trader toch weten, niet?

In tegenstelling tot de meeste andere traders die graag werken met candlestick grafieken, gebruik ik de **Heikin Ashi grafiek**. Dit soort grafiek heeft meerdere voordelen: De trend is duidelijker te herkennen dankzij het zichtbare gladstrijken van de koersen (in tegenstelling tot candlesticks). De sterkte van de trend wordt zichtbaarder door de grootte van de kaarsen en het voorkomen van lonten en pitten (lange schaduwen onder de lichamen van de kaarsen).

Met andere woorden: de Heikin Ashi grafieken verduidelijken het onevenwicht tussen vraag en aanbod heel goed en geven zelfs duidelijk het keerpunt weer. Daarom vormen deze grafieken een uitstekend instrument om de kapitaalstromen in de markten te herkennen. Onderstaand voorbeeld uit de Dow Jones index verduidelijkt dit.

Afbeelding 1: Dow Jones, 4-uurgrafiek, Heikin Ashi

De 4-uurgrafiek geeft de "swings" heel duidelijk weer. Het zijn bewegingen die in principe enkele dagen duren. Upswings (wit, stijgende koersen) en downswings (zwart, dalende koersen) zijn in dit voorbeeld van een Heikin Ashi grafiek duidelijk zichtbaar. Om dit te verduidelijken toon ik je nu een gelijkaardig fragment van de Dow Jones index in de candlestick weergave:

Afbeelding 2: Dow Jones index, 4-uurgrafiek, Candlestick

Ik hoop dat je het verschil kan zien. Uiteraard kan je ook uitstekend werken met candlestick grafieken. Maar ik hou meer van de visuele weergave bij de Heikin Ashi kaarsen dan bij de candlesticks. Ik vind het leuk dat ik op het eerste zicht al kan zien of een mark zich in een stijgende of dalende trend bevindt.

Op candlestickgrafieken kom je vaker signalen tegen die elkaar tegenspreken. In een stijgende trend verschijnen plots zwarte kaarsen, waardoor de trader de indruk kan krijgen dat de trend ten einde is. Dergelijke foute signalen filtert de Heikin Ashi grafiek er meestal uit. Dat is een niet te onderschatten voordeel.

Dit voorbeeld toont ook heel overzichtelijk wat ervaren traders al langer weten: marktbewegingen duren in principe 3 tot 5 dagen. Na een rally van 5 dagen, wordt de markt meestal weer rustiger. Er vormt zich dan een consolidatie of een zijwaartse beweging.

In bovenstaand voorbeeld verliep de stijgende beweging in drie golven, die je op de Heikin Ashi grafiek heel goed kan onderscheiden dankzij de witte kaarsen. Deze golven liepen over zo'n 24 uur (of acht 4-uurkaarsen). De daartussen liggende correctiefasen (meestal zwarte kaarsen) hielden ook ongeveer acht kaarsen aan. In totaal hield deze beweging in de Dow Jones dus vijf dagen aan. Drie dagen lang bevond de Dow zich in een stijgende beweging en twee dagen in een correctie. Dit patroon zal je telkens weer herkennen.

Als swingtrader wil je uiteraard van deze swings profiteren. De 4-uurgrafiek visualiseert deze beweging heel goed in de context van de huidige marktsituatie. Verder functioneert swingtrading ook als de markt zich niet in een trend bevindt, maar in een volatiele zijwaartse beweging. Onderstaand voorbeeld geeft een dergelijke fase weer.

Afbeelding 3: SP500, 4-uurgrafiek, Heikin Ashi

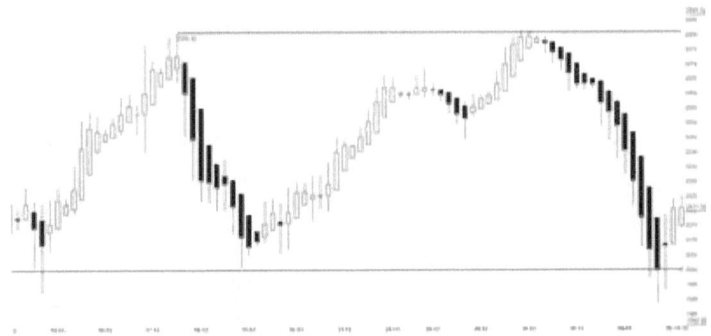

Afbeelding 3 toont een zijwaartse fase in de Amerikaanse **S&P500 index**. Ik heb de boven- en ondergrens aangegeven met een horizontale lijn omdat deze kenmerkend waren in dit voorbeeld. De onderste lijn, ook wel de ondersteuning genoemd, valt precies samen met het ronde getal 2.000. Een dergelijk prijsniveau heeft in de financiële markten een belangrijke psychologische betekenis en wordt door velen, ook institutionele marktdeelnemers, in acht genomen.

Het is dan ook niet toevallig dat de markt op dit niveau steeds weer wordt ondersteund. Dat betekent dat daar veel kopers klaarstaan om de markt op te vangen van zodra dit prijsniveau wordt bereikt. Als swingtrader moet je meer belang hechten aan dergelijke "psychologische signalen". In principe zal je ondervinden dat de markt "keert" bij de eerste of soms ook bij de tweede aanraking van een dergelijk niveau.

Timing

Nog een belangrijke reden om met de 4-uurgrafiek te werken is de timing. Voor daytraders is timing alles. Voor swingtraders geldt: de richting moet kloppen. Je moet de markt enkele uren of dagen de tijd geven om zich te ontwikkelen. Het is dus niet zo belangrijk of je de DAX nu op 12.500 of op 12.550 hebt gekocht. Wat telt is dat de richting klopt.

Als swingtrader moet je tijdelijke tegenbewegingen ook kunnen verwerken. Het kan goed zijn dat de markt tijdelijk 30-50 punten tegen je positie in loopt. Daarom moet je je nog niet uit je positie laten verdrijven. Als daytrader kan je je dat niet veroorloven.

Je winsten zijn ook groter als je aan swingtrading doet. De onverwachte bewegingen waarover ik het eerder had, neem je met deze methode meestal mee. Je kan gewoon niet op voorhand weten wanneer ze de kop opsteken. Maar dat is niet zo erg. Als swingtrader kan je wachten tot de markt de knoop heeft doorgehakt.

Meestal heb je ook meerdere uren de tijd om over een instap na te denken. Je moet niet onmiddellijk kopen. Ik raad ook aan om met limit orders te werken. Zo kan je je positie in alle rust opbouwen nadat je je analyse hebt gemaakt.

Als je per marktorder koopt (of verkoopt als je short gaat), accepteer je de huidige marktprijs. Deze is niet noodzakelijk altijd de beste. Vaak loont het om een limit order 50 punten lager in te zetten als je wil kopen. Vaak daalt de markt eerst nog eens alvorens dan de juiste richting in te slaan.

Last but not least: Je moet niet de hele dag voor het scherm zitten. Veel nieuwkomers vinden het natuurlijk interessant om te kijken hoe de koersen stijgen en dalen. Maar dat heeft niets te maken met geld verdienen.

Als swingtrader maak je éénmaal per dag een analyse. Je plaatst je orders en dat was het dan. Uit ervaring heb ik geleerd dat je betere resultaten boekt als je niet permanent je posities checkt. Ik weet dat dit een zware opgave is in dit tijdperk van smartphones en tablets. Maar als je een tijdje met trading bezig bent, zal je dit zelf ook ervaren.

Je kan best een OCO order toevoegen aan je koopposities (of je verkoopposities, als je short gaat). Je positie is zo vanzelf beveiligd door een stop-loss order om de verliezen te begrenzen en door een take profit order om de winsten op te halen wanneer het koersdoel wordt bereikt.

Een van beide orders wordt in werking gesteld. Het order dat op dat moment nog open staat, wordt automatisch door het systeem gesloten. De rest laat je best aan de markt over. Je kan je computer of laptop afsluiten en wat anders gaan doen.

Deze aanpak noemen we "set and forget!" De trader plaatst zijn kooplimiet waar automatisch een vooraf bepaald stop-loss order en een take-profit order aan wordt toegevoegd. Zo heeft hij dus een maximaal risico bepaald en tegelijkertijd een prijsniveau vooropgesteld waarop hij de winst wil realiseren.

Afbeelding 4: wachtende short-positie in de ruwe olie future

Om dit te verduidelijken, wil ik een voorbeeld van een short positie in de ruwe olie (olie-future) tonen. De horizontale lijn is een weerstandsniveau op 50,20 USD, waarop ik wil verkopen (dus short gaan). Zoals je kan zien had de markt op het ogenblik van de screenshot dit niveau nog niet bereikt. Mijn verkooplimiet wachtte dus nog tot dit zou gebeuren.

Tegelijkertijd had ik aan dit verkooporder een stop order op 50,60 USD (zwarte lijn boven) en een take profit order op 48,80 USD (zwarte lijn onder) toegevoegd. Op het moment dat mijn verkooplimiet op 50,20 USD werd uitgevoerd, zouden beide andere orders automatisch worden geactiveerd. Ik wist dus dat ik bij deze trade maximum 0,40 USD op het spel zette en dat ik 1,40 USD kon winnen. Dit komt overeen met een kans-risicoverhouding van 1:3, wat uitstekend is.

Als een van beide begeleidende orders zou worden uitgevoerd, wordt het andere order automatisch gewist. Ik moet als trader niets anders doen dan afwachten hoe de markt verder wil. Als swingtrader moet je dit soort gelatenheid tegenover de markt ontwikkelen. Want je kan met je analyse je best doen, tenslotte beslist de markt of je volgende trade op winst of verlies zal uitdraaien.

Als je altijd trades aangaat met een goede KRV, dan zal deze goede gewoonte je vroeg of laat een positief handelsresultaat opleveren. Dankzij een kwalitatief goede keuze van trades (dat wordt het thema van het tweede boek in deze reeks) kan je dit resultaat nog verbeteren.

3. Welke markten zijn geschikt voor swingtrading?

In principe kan je in alle markten aan swingtrading doen. Aandelen zijn heel goede instrumenten omdat ze voor een deel heel sterke schommelingen vertonen. Maar niet iedereen is goed in aandelen. Het moet je ook liggen. Ik ben bijvoorbeeld helemaal niet goed in aandelen. En meestal komt dat omdat de aandelenmarkten in de loop van de avond sluiten en dan de volgende morgen weer openen.

Dit is niet altijd in jouw voordeel, want de sluitingskoers van de ene dag komt niet noodzakelijk overeen met de openingskoers van de volgende dag. Je zal vaker verschillen zien die overnight gaps of koersgaten worden genoemd. Deze kunnen natuurlijk in je voordeel zijn, maar ook in je nadeel. Het is helemaal niet leuk als je de volgende morgen opstaat om vast te stellen dat het aandeel dat je gisteren hebt gekocht plots 5% lager ligt.

Het alternatief voor traders die grote koersgaten bij aandelen willen vermijden, is enkel markten verhandelen. Wat wil ik daarmee zeggen? Als trader verhandel je algemene markten in plaats van aandelen. Dit kunnen aandelenindexen zijn (AEX, Dow Jones, DAX, Nasdaq, S&P500), grondstoffen (goud, zilver, olie) en valuta (euro, dollar, pond, yen...).

Als je "markten" verhandelt in plaats van aandelen, zal je weliswaar ook regelmatig op koersgaten stuiten, maar ze zijn meestal veel kleiner dan bij aandelen. De reden is simpel. Als je bijvoorbeeld de Dow Jones index verhandelt, heb je niet in één, maar in 30 bedrijven geïnvesteerd. De Dow Jones is niets anders dan een verzameling van de 30 belangrijkste Amerikaanse concerns.

De verschillende koersgaten in deze 30 aandelen compenseren elkaar meestal, zodat de overnight gaps in de Dow Jones index meestal gematigd zijn. Als je als trader een fase doormaakt waarin je ook in aandelenindexen te maken krijgt met koersgaten van 5% of meer, dan moet je eens ernstig gaan nadenken over een handelspauze.

Dergelijke gaps duiken meestal op in periodes van verhoogde volatiliteit, zoals dat bijvoorbeeld het geval was in 2008 tijdens de financiële crisis. Gelukkig zijn deze fasen meestal kort en doen ze zich niet al te vaak voor. Maar je kan ze niet uitsluiten, dus moet je altijd de VIX een beetje in de gaten houden. Vix is de afkorting voor CBOE volatility index. Deze geeft de breedte voor schommelingen in de Amerikaanse aandelenindex S&P 500 weer.

Afbeelding 5: VIX, 2006-2016

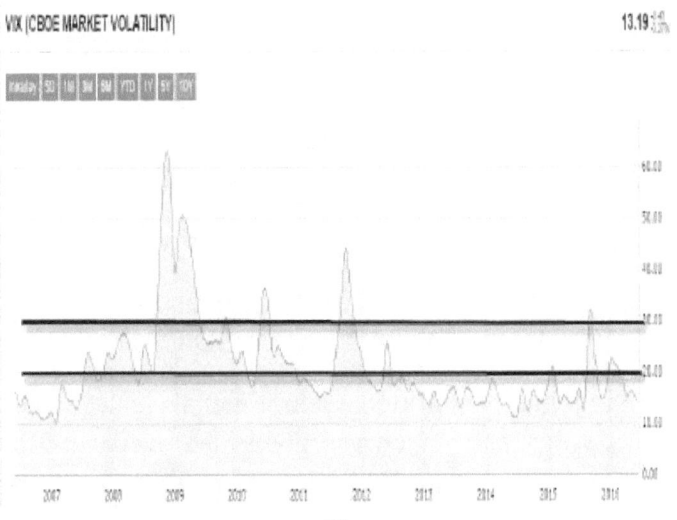

Afbeelding 5 geeft een grafiek weer van de VIX van 2006 tot 2016. Beide horizontale lijnen op de grafiek vormen de graadmeter voor de volatiliteit. Waarden lager dan 20 worden beschouwd als "lage volatiliteit", terwijl waarden boven 30 als "hoge volatiliteit" worden bestempeld. Op het moment van de screenshot lag de volatiliteit op 13,19. Dit wordt bijna als een historisch dieptepunt gezien. Duidelijk zichtbaar zijn de jaren waarin de volatiliteit ver boven de 30 uitsteeg. In dit geval waren dat 2008 en 2011.

Niet toevallig komen deze fasen overeen met de financiële crisis van 2008 en de eurocrisis van 2011. In november-december 2008 bereikte de VIX extreme waarden van meer dan 60 punten. Dat waren de weken van het faillissement van Lehman Brothers. De wereldeconomie stond aan de rand van de afgrond, en ik raad je aan om de handel tijdelijk te staken mocht een dergelijke fase zich nogmaals voordoen in de financiële markten.

Ikzelf doe aan swingtrading met een verzameling van indexen, grondstoffen en valuta. Hier is de lijst:

Indexen: DAX, Dow Jones, SP500, Nasdaq100

Obligaties: Bund Future (future op de Duitse leningen van 10 jaar).

Grondstoffen: WTI ruwe olie, goud en zilver

Valuta: EUR/USD, EUR/JPY, GBP/USD, USD/JPY, USD/CHF, AUD/USD, NZD/USD, USD/CAD

Dat zijn in totaal 16 markten. Geloof me: als je deze markten dagelijks volgt, heb je een vrij goed idee over wat zich op dat moment afspeelt in de markt. De meer ervaren traders weten natuurlijk dat al deze markten correleren. Dat betekent dat ze min of meer betrekking hebben op elkaar.

Hoewel de correlaties in de loop der tijd kunnen veranderen, kan je toch een aantal algemene regels opstellen die meestal gelden:

1. Aandelenindexen correleren meestal sterk. Als de Amerikaanse markten stijgen, zal je meestal vaststellen dat de Aziatische en Europese indexen dat ook doen. De drie belangrijkste Amerikaanse aandelenindexen Dow Jones Industrials, S&P500 en Nasdaq100 kan je gerust nog steeds de trekpaarden van de wereldbeurzen noemen. Als deze drie zich in een dalende trend bevinden, zullen de andere indexen het in principe moeilijk hebben om hier tegenin te gaan.

2. De US dollar is niet voor niets de belangrijkste valuta van de wereld. Als de US dollar stijgt, dan dalen in principe alle andere belangrijke valuta zoals de euro, de Australische dollar, de Britse pond, de Nieuw-Zeelandse dollar, de Canadese dollar of de Zwitserse frank.

3. Een sterke dollar is meestal ongunstig voor grondstoffen als goud, zilver of olie, en ook het omgekeerde is waar. Deze correlatie kan uiteraard tijdelijk veranderen. Maar je zal zien dat ze zich vroeg of laat herstelt.

Over correlaties kan je een heel boek schrijven. Maar als je de drie aangehaalde regels kent, sta je al verder dan de meeste marktdeelnemers, die er niets over weten. Als je je bijvoorbeeld wil bezighouden met de correlaties bij de valuta, dan kan ik je de website www.mataf.net aanbevelen. Hier vind je informatie over correlatiewijzigingen in de belangrijkste deviezenparen op uurbasis, 4-uurbasis en dagbasis.

Afbeelding 6: Swingtrading desk

Voor afbeelding 6 heb ik een screenshot gemaakt van mijn handelsplatform. Zoals je kan zien, hou ik het eenvoudig. Ik heb de grafieken ingesteld op 4 uur in Heikin Ashi weergave. Verder gebruik ik geen indicatoren of extra tools. Ik probeer het totaalbeeld van de belangrijkste markten in de gaten te houden. De 4-uurgrafiek geeft me hierbij in principe een overzicht van wat zich de laatste weken in een markt heeft afgespeeld.

4. Met welke instrumenten kan je aan swingtrading doen?

De meeste markten op mijn lijst kan je verhandelen met een ETF. ETF staat voor exchange traded fund. Dat is een investeringsfonds dat verhandeld wordt op een beurs. Als je niets over ETF's weet, zal je zeker veel bijleren door het gewoon op te zoeken op google. Er bestaan ook uitstekende e-books over dit thema.

De meeste ETF's die betrekking hebben op de grote financiële markten hebben een goede liquiditeit. Je krijgt nauwe spreads (aan- en verkoopkoersen) en meestal is het ook geen probleem om je positie weer van de hand te doen wanneer je dat wil. Hier volgt een lijstje van de bekendste ETF's. De onderliggende markten heb ik erbij geschreven.

- SPY: S&P500

- QQQ: Nasdaq

- GLD: goud

Als je je swingtrading met futures wil uitvoeren, dan zal je ook hier met koersgaten te maken krijgen, want ook futuresmarkten hebben openingstijden. In principe zijn koersgaten in markten kleiner dan bij aandelen. Liquide en bekende markten openen de volgende dag nu eenmaal niet vaak met grote gaps.

Veel swingtraders zetten CFD's in voor hun swingtrading handel. CFD staat voor contracts for difference, dus contracten voor het verschil, die de koersbeweging van een markt 1 tot 1 reproduceren. Deze instrumenten hebben echter, net als futures, een zeer hoge hefboom. Om dit te verduidelijken, wil ik een voorbeeld aanhalen uit de DAX.

Stel dat je 1 CFD contract wil kopen op de DAX aan een prijs van 10.000 (DAX index stand 10.000). Afhankelijk van je makelaar moet je voor dit contract een marge van 10 op je rekening bijhouden. Dat betekent dat het volstaat dat je 1000 euro op je rekening hebt om 1 contract te kunnen kopen. Met 1000 euro beheer je dus 10.000 euro!

Als de DAX nu stijgt tot 10.500 en je verkoopt, dan heb je een winst van 500 punten of 500 euro gerealiseerd. De meeste CFD-traders die ik ken, hebben meestal niet meer dan 1.000 euro op hun rekening staan. Als je met deze trade een winst van 500 punten realiseert, dan vermeerder je je kapitaal dus met 50%. En dat met slechts 1 trade!

Zolang je wint is dit natuurlijk prima. Maar je moet altijd in het achterhoofd houden dat deze hefboomwerking ook geldt als je verliest. Als je in dit geval 500 punten verlies maakt, dan heb je al 50% van je kapitaal door je vingers laten glippen! Niet bepaald een stimulerend gevoel.

Daarom moet je dus heel goed nadenken of je je swingtrading handel al meteen wil starten met hefboominstrumenten. Vaak is het beter de zaak eerst wat conservatiever aan te pakken en eerst te handelen met ETF's, die meestal minder of zelfs geen hefboom vertonen. Je zal hier weliswaar minder verdienen, maar ook je verliezen blijven zo binnen de perken.

Als je het risico van koersgaten volledig wil uitsluiten, dan handel je uitsluitend met valuta. Deze worden door de week doorlopend verhandeld. De markt opent op zondagavond en sluit pas weer op vrijdagavond. Hier kan je dus niet negatief verrast worden.

Je moet dan uiterlijk op vrijdagavond alle openstaande posities sluiten. In principe kan je de posities op zondagavond of maandagmorgen weer openen als je van mening bent dat je na het weekend dezelfde positie moet blijven behouden.

Als je valuta verhandelt, kan je je risico bovendien optimaal berekenen. Dan riskeer je enkel de afstand tussen je aankoopprijs (of verkoopprijs bij een short positie) en je stop-loss opdracht.

Dit is een belangrijk voordeel. Bovendien kan je de positiegrootte bij de meeste makelaars zeer goed sturen. Ik raad aan om in het begin met zogenaamde microlots te handelen. Dat zijn lots van 1.000 USD. Elke kleinste koerswijziging van een pip kost je hier slechts 0,1 USD. Als je eens 50 pips verliest, dan heb je maar 5 USD verloren. Dat is zeker niet onoverkomelijk.

5. Swingtrading setups

Nu komen we bij het belangrijkste deel van mijn methode: de setups die ik verhandel. Ook hier probeer ik het zo eenvoudig mogelijk te houden. Hierna toon ik enkele voorbeelden van setups die ik vaak verhandel. Een setup is eigenlijk niet meer dan een bepaald patroon op een beursgrafiek. Aangezien bepaalde patronen steeds weer opduiken, hebben de traders zich in de loop der jaren op bepaalde begrippen toegespitst. De meeste zijn zo eenvoudig dat ze ook meteen duidelijk zijn voor leken.

Verder spreek ik hier in eerste instantie enkel over instapkansen. Waar je de stop moet plaatsen en waar ik in bepaalde marktsituaties een koersdoel bepaal, dat is het thema van het derde boek in deze reeks over swingtrading. De titel van dit derde boek luidt dan ook: "Waar zet ik mijn stop?". Eerst begin ik dus met het makkelijke deel: waar stap ik in? De vraag: waar stap ik uit? (wat een veel belangrijkere vraag is) wordt dan zeker in de loop van deze reeks gaandeweg behandeld.

A. Ondersteuning en weerstand

Voor sommige traders kan dit concept misschien te eenvoudig zijn. Maar het is een feit dat ondersteuning en weerstand nog steeds tot de machtigste setups behoren die de beurs te bieden heeft, op voorwaarde dat je weet wat je doet.

De begrippen ondersteuning en weerstand zijn afkomstig van de technische analyse. Analisten spreken van een ondersteuning als je een prijsniveau op de grafiek ontdekt waarop de koers steeds weer terugkeert naar boven. Dit betekent dat aan de ondersteuning duidelijk de koopdruk toeneemt, waardoor de prijs weer de hoogte in wordt geduwd. Bij de weerstand gebeurt net het omgekeerde. Hier duiken meer verkopers op die de prijs naar beneden drukken.

De reden waarom dergelijke prijsniveaus bestaan, kan verschillen. In aandelenmarkten gebeurt het vaak dat een groter adres begint te kopen van zodra een bepaald prijsniveau werd behaald. Een behendige trader kan van dit voorval profiteren als hij ook koopt op dit niveau en met de grote vis meezwemt zolang deze de prijs optrekt.

In aandelenindexen of in deviezenmarkten bestaat dit natuurlijk ook. Maar hier spelen vaak pure charttechnische overwegingen een rol. De algemene markten zijn eerder technisch gericht. Vaak zijn er wereldwijd tienduizenden traders betrokken, die allemaal gelijktijdig prijssignalen op hun grafieken bekijken. Geen wonder dat de prijzen op bepaalde niveaus als bij wonder keren, en dit vaak meermaals na elkaar.

Een swingtrader die dit keerpunt kan herkennen, kan daaruit meestal een winstgevende strategie ontwikkelen. Hij koopt de ondersteuning en verkoopt op de weerstand (of gaat daar short). Ik zal dit concept toelichten aan de hand van enkele voorbeelden.

Afbeelding 7: Ruwe olie, 4-uurgrafiek, Heikin Ashi

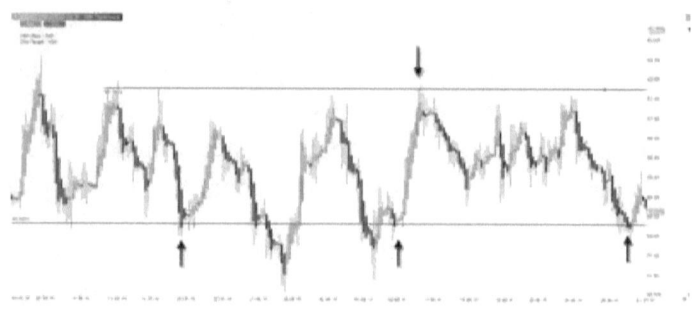

Dit voorbeeld uit de mini ruwe olie future geeft een vrij goed beeld van dit concept. De olieprijs lijkt hier tussen twee bereiken te schommelen en loopt duidelijk zijwaarts. Dit noemt men een "range". Je ziet duidelijk het bovenste prijsniveau op 61,74 USD waar de ruwe olie steeds weer naar onder keert (bovenste horizontale lijn). Een dergelijk prijsniveau noemen de analisten een weerstand.

Onderaan op 58,28 USD keert de prijs weer naar boven (onderste horizontale lijn), wat de technische analisten een ondersteuning noemen. Een typerend kenmerk van de oliemarkt is dat de prijs graag een beetje "overdrijft". Dit zien we in dit voorbeeld vooral bij de ondersteuning. Deze werd maar liefst twee keer duidelijk naar beneden doorbroken. Enkele uren later keerde de olieprijs terug in de range. Hoe je dergelijke overdrijvingen of "fakes" verhandelt, beschrijf ik in het tweede deel van deze reeks over swingtrading.

Dergelijke ranges kunnen in alle markten voorkomen. De koers lijkt gevangen tussen twee niveaus waarop de grotere marktdeelnemers ofwel kopen (ondersteuning) ofwel verkopen (weerstand). Een behendige trader kan gebruik maken van deze situatie als hij koopt op de ondersteuning met de weerstand als koersdoel of verkoopt op de weerstand met de ondersteuning als koersdoel. Beschermende stops plaatst de trader best iets onder de low van de laatste kaars of iets boven de high van de laatste kaars bij short posities.

B. Dubbele top en dubbele bodem

De zogenaamde dubbele tops en dubbele bodems vormen een interessant instapmoment. Een dubbele top ontstaat wanneer de koers na een eerste consolidatie de high van de vorige stijging opnieuw bereikt. Maar hij mag niet verder naar boven uitbreken. De koersen vallen terug omdat alle marktdeelnemers nu weten dat de koopdruk is afgenomen.

Afbeelding 8: EUR/USD, daggrafiek, Heikin Ashi

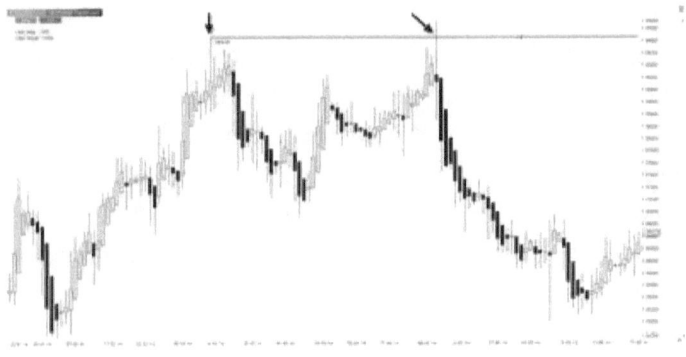

Dit voorbeeld van een dubbele top vond plaats in de EUR/USD tussen maart en mei 2014. De euro had zich de maanden na de zogenaamde "eurocrisis" weer hersteld en begaf zich naar de ronde prijs van 1,40 tegenover de US dollar. Hier werd de dubbele top gevormd op afbeelding 8 (beide pijlen).

Interessant was dat bij de tweede van de dubbele top (pijl rechts) op 8 mei 2014 de eerste high van 13 maart weliswaar kortstondig werd overstegen, maar de dagkaars sloot onder de eerste high. De koersen waren in de loop van deze handelsdag in de buurt gekomen van de prijs 1,3992, maar ze slaagden er niet in om de ronde prijs van 1,40 ook maar één keer aan te raken.

Swingtraders moeten op dergelijke details letten. Deze informatie vertelt de trader dat op het ronde niveau 1,40 waarschijnlijk massieve verkooporders liggen, die de euro moeten verhinderen om dit niveau te overschrijden. Het gevolg hiervan was een duidelijke uitverkoop van het valutapaar in de daaropvolgende dagen en weken. Een daling van maar liefst 500 pips.

Maar dat was nog niet alles. Deze eerste uitverkoop was nog maar het startschot van een verdere massieve dalende trend in de EUR/USD, die het paar tot onder de 1,05 leidde. Met andere woorden: de dubbele top was in totaal goed voor 3.500 pips! Wie hier short was gegaan en een beschermende stop boven 1,40 had geplaatst, had hier een droomrendement verwezenlijkt.

Dit valt dan wel zelden voor, maar het gebeurt, en ik ben van mening dat een gewiekste trader moet proberen op zijn minst een deel van deze beweging mee te nemen. Een enkele trade van deze categorie kan het boekjaar van een trader winstgevend maken.

De omgekeerde situatie doet zich voor bij de dubbele bodem. In onderstaand voorbeeld van februari 2016 in de e-mini (afbeelding 9) bereikte de koers een eerste low, waarop hij zich tijdelijk herstelde. Bij een nieuwe terugval bereikte hij een tweede maal de eerste low, maar hier waren de verkopers niet in staat om de koers verder naar beneden te drukken. Resultaat: de koersen begonnen weer te stijgen met een perfecte dubbele bodem als gevolg.

Afbeelding 9: E-mini, daggrafiek, Heikin Ashi

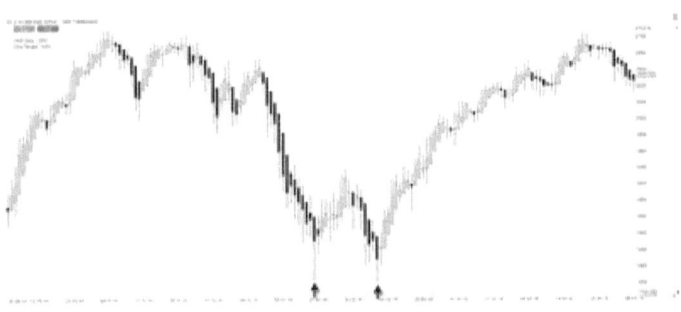

Dit voorbeeld uit de future op de Amerikaanse aandelenindex S&P500 is als het ware onberispelijk. Op 20 januari 2016 bereikte het koersverloop een eerste low op 1804. In de daaropvolgende handelsdagen herstelden de koersen zich wel een beetje, maar kwamen een tweede keer terug en vormden een tweede low op 11 februari 2016 op 1802,50. Nu is deze tweede low wel "iets" lager dan de eerste. In de loop van de dag herstelde de e-mini zich en vormde een tweede zogenaamde omkeerkaars. Dat is een kaars die wel een nieuwe low aanduidt, maar in het verloop van de handelszitting sluit in de buurt van de high van de dag. Het is de verkopers dus niet gelukt om de prijzen laag te houden.

De volgende dag vormde de e-mini een spinning top. Dat is een formatie met een klein lichaam, maar met een lange schaduw boven en onder het lichaam. Een dergelijke kaars duidt op een situatie met evenwicht tussen kopers en verkopers. De verkoopdruk was tenminste uit de markt verdwenen en de kans dat we met een dubbele bodem te maken hadden, lag nu voor de hand.

Afbeelding 10: FDAX, 4-uurgrafiek, Heikin Ashi

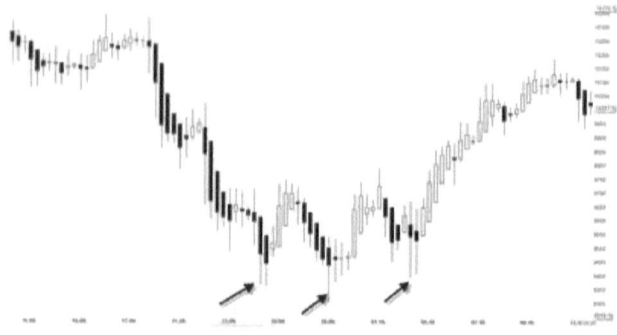

Uitstekende handelskansen zijn ook driedubbele bodems, zoals hier in afbeelding 10 in de FDAX. Deze formatie van bodemvorming was ook interessant omdat de middelste low (middelste pijl) wat lager lag dan de eerste en de derde. Dit is een teken voor de trader dat enerzijds de lows hier werkelijke worden gepeild en anderzijds op dit niveau altijd kopers klaarstaan om de markt op te vangen.

Je herkent dit feit aan de lange schaduw onder de kaarsen (drie pijlen). Daardoor werden deze kaarsen de reeds aangehaalde omkeerkaarsen, die een ommekeer van 180 graden in de andere richting suggereerden, wat na de derde low dan ook daadwerkelijk gebeurde. Het koopsignaal kwam dan na de eerste witte kaars na de laatste omkeerkaars (derde pijl rechts).

Afbeelding 11: SMI-future, daggrafiek, Heikin Ashi

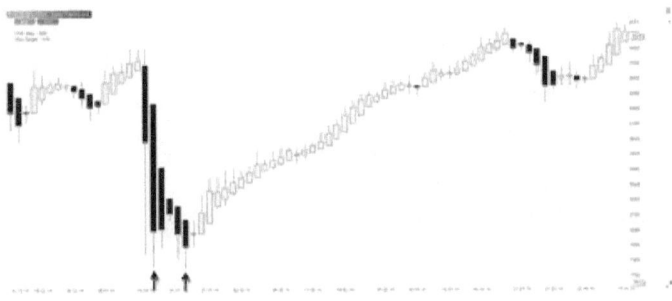

Buitengewone resultaten brengen soms ook buitengewone kansen met zich mee. Sommige traders zullen zich de zogenaamde "Frankenschock" van 15 januari 2015

herinneren. Dat was de dag waarop de Zwitserse Nationale Bank de koppeling van de frank aan de euro in één klap ophief. De frank werd binnen een half uur 20% duurder, wat zich in de deviezenmarkt uit als een beweging als die van een aardverschuiving.

Dit ging natuurlijk niet zomaar aan de Zwitserse aandelenmarkt voorbij. Afbeelding 11 toont de SMI-future, dus de future op de Zwitserse aandelenindex van deze dagen. Nadat de Index in de dagen volgend op de crash wat rustiger was geworden, zagen we op de Heikin Ashi grafiek een dubbele low (pijlen), die een buitengewone kans bood. In de daaropvolgende weken herstelde de index volledig van deze gebeurtenis. De verliezen werden dag na dag opgehaald, wat nadrukkelijk wordt bewezen door de Heikin Ashi kaarsen.

Het is dus zeker de moeite om ook als swingtrader de markten te bekijken die bijvoorbeeld een duidelijke crash hebben doorgemaakt. Het is van belang dat je een formatie vaststelt, die een omkeer doet vermoeden, zoals dat het geval was in de SMI. Op een bepaald moment herstellen de markten zich ook van de hardste klappen die ze hebben moeten incasseren.

Bij aandelen is dat niet altijd het geval, want in tegenstelling tot indexen, die een volledige aandelenkorf vertegenwoordigen, kunnen aandelen van bedrijven volledig terugvallen naar 0, zoals enkele spectaculaire faillissementen uit de economische geschiedenis heel aangrijpend bewijzen. Dat is ook een reden waarom ik me als swingtrader eerder bezighoud met algemene markten. Markten gaan niet failliet. Bedrijven wel.

C. Uitbraken (breakouts)

Ik geef toe dat de uitbraken de laatste jaren veel kritiek krijgen, en terecht. Het argument luidt: er zijn te veel valse uitbraken (false breakouts) om dit patroon nog winstgevend te kunnen verhandelen. Ik begrijp dit argument, maar ik wil ook even duidelijk maken dat je niet zomaar alle breakout situaties over één kam kan scheren.

In het tweede boek van deze reeks over swingtrading ga ik uitvoerig in op het fenomeen van de zogenaamde valse uitbraken of "fakes" en toon ik hoe je hieruit alsnog een heel winstgevende handelsstrategie kan ontwikkelen, die voldoet aan de condities van de huidige markten.

Er zijn zeker uitbraken die je beter links laat liggen. Een van mijn regels luidt als volgt: hoe langer de voorafgaande consolidatie duurt (hoe meer pogingen de markt onderneemt om een ondersteuning of een weerstand te doorbreken), hoe belangrijker een mogelijke uitbraak wordt. Met andere woorden: vijf pogingen betekenen veel meer dan drie. Als ik zoiets zie, wekt dit mijn interesse.

Afbeelding 12: EUR/JPY, 4-uurgrafiek, Heikin Ashi

Dit voorbeeld uit het valutapaar EUR/JPY (euro - Japanse yen) verduidelijkt hopelijk wat ik wil zeggen. We zien dat het paar meermaals probeerde een vlak aflopende weerstandslijn te overschrijden. In totaal had het paar 8 pogingen nodig om er uiteindelijk in te slagen (pijlen van boven). De uitbraak was niet spectaculair, zoals dat vaak wel is in dergelijke gevallen. In tegendeel. Het paar bleef urenlang boven de lijn hangen en haalde steeds weer kort uit naar beneden (4 pijlen van onder naar boven).

De swingtrader had dus alle tijd om een goed instapmoment te bepalen wat dan op een bepaald moment ook heeft gerendeerd. In de top kon je wel 400 pips halen!

D. Vlaggen

Na sterke trendbewegingen volgen vaak tijdelijke consolidaties. De markt komt als het ware voor korte tijd tot rust, maar gaat dan verder met de trendbeweging. Daarom spreken we in dit geval van trendvoortzetting formaties. Deze formaties kunnen verschillende vormen aannemen, maar de meest bekende zijn de vlaggen.

Het beeld van de "vlag" staat bij traders in het geheugen gegrift, want de formatie ziet er werkelijk uit als een soort vlag. De voorafgaande stijgende trend wordt gezien als de vlaggenstok, de korte consolidatie, die in de tegenovergestelde richting loopt, kan dan als vlag gezien worden. En net zoals er vlaggen zijn, zijn er dan ook wimpels. Bij een wimpel verloopt de consolidatie niet in een parallel trendkanaal, zoals bij de vlag, maar loopt deze uit op een spits.

Als je op een trendvoortzetting speculeert, ga je ervan uit dat deze trend sterk en nog lang niet ten einde is. Een vlag suggereert dit tenminste. In tegenstelling tot de range trading zet je hier in op de werkelijk grote trends, die op de beurs natuurlijk altijd weer aanwezig zijn.

Vlaggen zijn uitstekende instapmomenten voor een trader die de vlaggen herkent op een grafiek. Er zijn traders die zich enkel met dit patroon bezighouden en dus enkel vlaggen verhandelen. Vlaggen in een stijgende trend worden ook stierenvlaggen genoemd. In een dalende trend berenvlaggen. Meestal lopen ze tegen de hoofdtrend in, zoals op afbeelding 13.

Afbeelding 13: FDAX, 4-uurgrafiek, Heikin Ashi

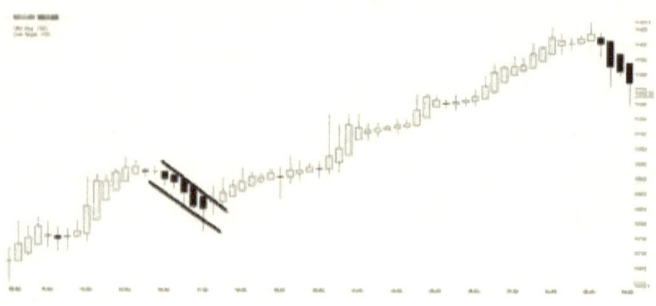

Dit voorbeeld in de FDAX geeft het concept van een stierenvlag zeer goed weer. Links op de grafiek zien we een duidelijk stijgende trend. De meeste Heikin Ashi kaarsen zijn wit. Dan zien we enkele uren een beweging die schijnbaar in de tegenovergestelde richting loopt. Hier zijn de kaarsen zwart omdat de trend tijdelijk weer naar onder gaat. Deze consolidatiefase is slechts van korte duur. Al snel begint de FDAX weer te stijgen.

In principe verlopen vlaggen in een klein trendkanaal. De breuk van de bovenste lijn van dit trendkanaal is het koopsignaal. Stierenvlaggen zijn daarom ook interessant, want ze komen meestal voor in sterke trendfasen zoals in dit voorbeeld. De markt moet dan ook na het einde van de vlag snel weer de trend voortzetten. De trader kan zijn positie veiligstellen met een stop iets onder het trendkanaal van de vlag.

Bij vlaggen bekomt de trader meestal een interessante kans-risicoverhouding. Hier kon de positie, met een instap op

10.900 punten, veiliggesteld worden met een stop van 100 punten. Maar deze swingtrade bracht 1500 punten op! Met andere woorden: de trade verwezenlijkte een buitengewone KRV van 1:15!

In een index als de DAX is dit een geweldige winst die nooit in gevaar kwam. Tijdens de aankoopgolf na de vlag bleven de Heikin Ashi kaarsen permanent wit. De uitstap gebeurde dan 1500 punten hoger bij de eerste zwarte kaars.

Dergelijke kansen doen zich steeds weer voor in de 4-uurgrafiek. Daarom geloof ik dat deze tijdsspanne ook heel winstgevend kan zijn, als de trader het geduld heeft om op dergelijke gelegenheden te wachten.

6. Moneymanagement

Moneymanagement is zeer zeker het belangrijkste hulpmiddel van een trader. Met betrekking tot het risico kan je natuurlijk vaststellen dat elke trader hier anders mee omgaat. Een vuistregel zegt dat een trader niet meer dan 1% van zijn kapitaal mag riskeren per trade.

Daar is een goede reden voor. Je hebt het bijvoorbeeld 10 keer mis (wat niet ongewoon is, ook al valt dit maar zelden voor). Bij 1% risico verlies je dus 10% van je kapitaal. Je moet dan weer 11% winst maken om terug op break-even (0) uit te komen. Dat is te doen.

Zet je echter 5% per trade op het spel (wat veel beginners graag doen), dan ben je bij 10 verliezende trades op rij al de helft van je kapitaal kwijt. Het spreekt voor zich dat dit uiterst schadelijk is voor je traderziel. Afgezien van het feit dat je dan 100% winst moet maken om weer op break-even te komen.

Nog een uitgangspunt dat ik je kan aanbevelen is gewoon het vastleggen van een vast bedrag als risico per trade. Je kan bijvoorbeeld jezelf opleggen om niet meer dan 100 euro per trade op het spel te zetten. Dat zou dan je huidige comfortzone zijn. Later, als je meer kennis en vertrouwen hebt, kan je dit bedrag nog altijd optrekken.

7. Handelsdagboek

Ik raad elke trader (niet enkel beginners) aan om een handelsdagboek of notulen bij te houden. Zelf houd ik al jaren een dagboek bij over mijn trades. Waarom? Ten eerste verkrijg je na een tijdje heel interessante statistieken over je eigen handelsgedrag.

Een dagboek kan je bijvoorbeeld na een reeks trades vertellen in welke markten je goed bent en in welke minder. Is dat geen interessante informatie? En is het niet nuttig om je eerder te concentreren op je sterktes?

Ik ben bijvoorbeeld goed in de Zwitserse frank en de Canadese dollar. Van de Britse pond houd ik meestal mijn handen af. Hier liggen mijn statistieken helemaal niet goed. Bij de FDAX en in de euro ben ik relatief goed, maar ik blink uit in de Dow Jones. Als je over dergelijke gegevens beschikt, dan is het hopelijk toch wel duidelijk in welke markten je moet handelen.

Er is ook een psychologische winst. Een dagboek geeft je zekerheid. De dagelijkse en wekelijkse controle en beoordeling van je trades biedt je stabiliteit en continuïteit. Dat is vooral belangrijk wanneer het eens niet zo goed gaat. Dan kan je in je dagboek kijken en zien dat je steeds weer dergelijke periodes hebt doorstaan. En je zal ermee te maken blijven krijgen. Dat hoort nu eenmaal bij trading.

Hier zie je een voorbeeld uit mijn eigen handelsdagboek:

Afbeelding 14: Handelsdagboek

Datum	Underlying	Position	L/S	Entry	Stop	Risk	Exit	Points P/L	P/L Euro
08. Apr	Gold	15	L	1576,6	1579,9	376	1579	-30	-342
09. Apr	DAX	15	L	7703	7690	195	7698	-4	-60
	EUR/USD	150.000	S	1.3034	1,300	274	1,3046	-12	-157
	Dow Jones	15	S	14615	14640	285	14612	3	34
10. Apr	BTP	15	S	111,82	112,15	495	111,97	-15	-225
	EUR/USD	150.000	S	1.3076	1,311	368	1.308	-4	-46
11. Apr	EUR/JPY	100.000	S	130,52	130,68	106	130,68	-16	-106
	EUR/USD	100.000	S	1.3121	1.3136	114	1,3136	-15	-114
	WTI	10	S	94,36	94,7	258	94,04	33	251
	Gold	7	S	1556	1561	372	1561	-50	-266
12. Apr	Silver	15	S	27,53	27,7	194	26,36	117	1334
	DAX	10	L	7802	7770	320	7889	-13	-130
	Silver	15	S	2707	2740	376	26,36	71	809
W15								65	1002

Deze week heb ik 13 trades uitgevoerd. Waarvan niet minder dan 9 verliezend waren! Maar het is een heel normale week. Je ziet: tot en met donderdag 11 april zag het er helemaal niet goed uit. Maar dan deden zich op vrijdag twee lucratieve winsten voor in de zilvermarkt. Deze 2 winsten maakten het verschil voor de hele week. Maar als ik mijn verliezen niet gedisciplineerd had begrensd, zou ik geen winst gemaakt hebben. Nu is de balans + 1002 EUR, ondanks het feit dat meer dan 60% van de trades verliezers waren.

8. Waar gaat het om?

Ik heb dit voorbeeld bewust gekozen uit mijn handelsdagboek omdat de kunst van trading hier heel goed wordt weergegeven. De meeste van de 13 trades van deze week brachten weinig winst of liepen zelfs in het verlies. Dat is heel normaal en valt dagelijks voor. Maar af en toe krijg je een echt goede kans zoals deze twee zilvertrades op vrijdag. Deze beide trades maakten het verschil.

In principe verkrijg je deze trades niet als je de dagen voordien niet gedisciplineerd gehandeld hebt. Het belangrijkste psychologische probleem dat je als trader hebt, is dat je niet weet wanneer deze winsten zullen opduiken. Maar één ding is zeker: als je goed voorbereid bent, zal je deze kansen herkennen!

Veel succes!

Heikin Ashi Trader

Andere boeken van Heikin Ashi Trader

Swingtrading met de 4-uurgrafiek
Deel 2: Trade the Fake!

In dit tweede deel uit de reeks "Swingtrading met de 4-uurgrafiek" gaat de Heikin Ashi trader in op het fenomeen van stop-fishing en fakeout. Dit zijn de vele schijnbewegingen die de grote spelers en de algoritmen in de huidige financiële markten in scène zetten. Deze lijken meer de regel te zijn dan de uitzondering.

Maar een gewiekste swingtrader kan net gebruik maken van deze situatie als hij de bal terugkaatst. In plaats van zich door de vele trucs van de smart money te laten vangen, kan hij deze kenmerken op de grafiek leren herkennen. Hieruit vloeit een zeer winstgevende swingtrading strategie voort die zich uitsluitend toelegt op het opsporen van de zogenaamde "fakes". Want vaak blijkt dat de schijnbewegingen van de grote spelers het startschot vormen voor een belangrijke beweging. Meestal is het dan ook nuttig om ze te traden.

Aan de hand van verschillende voorbeelden in verschillende markten en grafiek-technische situaties, volgt de auteur het spoor van de smart money. Met wat oefening dan kan elke trader de trucs op een grafiek ontdekken en de achterliggende bedoelingen achterhalen. Een dergelijke strategie zou stroken met de omstandigheden van de huidige markten in plaats van je te wagen aan oude methoden om "de markt te verslaan".

Inhoudsopgave

1. Een schijnbeweging op zijn best!

2. Hoe kan je fakes herkennen?

3. Hoe verhandel je fakes?

4. Fakes met charttechnische voorbeelden

A. Vlaggen

B. Driehoeken

C. Trendkanalen

5. Crossrates verhandelen

6. Complexere voorbeelden

Verklarende woordenlijst

Andere boeken van Heikin Ashi Trader

Over de schrijver

Swingtrading met de 4-uurgrafiek

Deel 3: Waar zet ik mijn stop?

In dit derde deel uit de reeks "Swingtrading met behulp van de 4-uurgrafiek" behandelt de Heikin Ashi Trader de vraag waar je je stop moet plaatsen: van zodra een trader stopt, zal hij vaststellen dat zijn slaagkans afneemt. Zo behoudt hij de volledige controle over het handelsmanagement. Stops zijn dus niet onvermijdelijk, ze blijven een integraal onderdeel van een handelssysteem dat winst beoogt.

Als de registers goed begrepen worden, biedt dit mogelijkheid tot winst. Aangezien je pas geld verdient wanneer je de handel afsluit, is het belangrijk dat de trader probeert zijn stops zo zorgvuldig mogelijk te beheren. Het formuleren van kristalheldere regels, zowel voor trendtrades als voor trades met een vast doel, is altijd een vereiste om als trader het spel zelf in handen te hebben.

Tenslotte heeft elke succesvolle trader zijn eigen regels opgesteld. Eender wat de markt doet, deze trader speelt zijn eigen spel en kan zich door alles laten beïnvloeden. Vooral de volharding en consequentie waarmee hij optreedt op de markt zorgt ervoor dat hij op een dag "spelleider" wordt.

Inhoudsopgave

1. Zijn stops noodzakelijk?
2. Wat is een stop-loss order?
3. Stop het beheer
4. Speel je eigen spel
5. Snoei in je verlies
6. En laat je winst de vrije loop
7. Stop het beheer op de trendmarkten
8. Stop het beheer met koersdoelen
9. De Swiss franc tsunami, een heilzaam moment in de handelsgemeenschap
10. Hoeveel posities kan je gelijktijdig open houden?
Verklarende woordenlijst

Hoe begin ik met 500 euro een trading-business?

Veel traders hebben in het begin maar weinig geld beschikbaar voor het traden. Maar dit hoeft geen obstakel te zijn om toch een trader-carrière in overweging te nemen. Het gaat er in dit boek niet om hoe je van 500 euro 500.000 euro kunt maken. Het zijn juist de overdreven rendementsverwachtingen die de meeste beginners ontsporen.

In plaats daarvan laat de auteur op een realistische manier zien hoe je met een klein startkapitaal een fulltime trader kunt worden. En dit geldt zowel voor traders die particulier willen blijven als degenen die uiteindelijk met geld van cliënten willen handelen.

Dit boek toont stap voor stap hoe je dat moet doen. Bovendien is er voor elke stap een concreet actieplan. Iedereen kan in principe trader worden, als hij bereid is om te leren hoe deze business echt werkt.

Inhoudsopgave

1. Hoe kan ik met 500 euro trader worden?
2. Hoe krijg je een goede routine in trading?
3. Een gediscplineerd trader worden!
4. Het sprookje van de samengestelde rente
5. Hoe trade je een 500-euro-rekening?
6. Social Trading
7. Met een broker praten
8. Hoe word je een professionele trader?
9. Traden voor een hedgefonds?
10. Leer netwerken!
11. In 7 stappen naar een professionele trader
12. 500 euro is veel geld.

Over de schrijver

Heikin Ashi Trader wordt wereldwijd gezien als de specialist in scalping met de Heikin Ashi grafiek. Hij handelt al 19 jaar op deze manier. Hij werkte voor een hedgefonds en ging daarna op eigen houtje Zijn scalpingboek "Scalpen is leuk!" is een internationale bestseller en werd meer dan 30.000 keer verkocht. Meer informatie over zijn scalpingmethode vindt u op zijn website: www.heikinashitrader.net.

Impressum

© 2019 Heikin Ashi Trader

Dit boek en haar volledige inhoud is auteursrechtelijk beschermd. Alle rechten voorbehouden. Nadrukken of reproduceren (geheel of gedeeltelijk) in eender welke vorm (drukken, kopiëren of op een andere manier) evenals het geheel of gedeeltelijk opslaan, bewerken, vermenigvuldigen en verspreiden met behulp van elektronische systemen van eender welke aard, is niet toegestaan zonder uitdrukkelijke schriftelijke toestemming van de auteur. Alle vertaalrechten voorbehouden.

Het gebruik van dit boek en het omzetten van de informatie erin verloopt uitdrukkelijk op eigen risico. Het boek en alle inhoud werd met de grootste zorg verwerkt. Toch kunnen drukfouten en foutieve informatie niet volledig worden uitgesloten. De auteur is niet aansprakelijk voor de actualiteit, correctheid en volledigheid van de inhoud van dit boek, noch voor drukfouten. De auteur kan niet juridisch aansprakelijk gesteld worden voor eender welke vorm van foutieve informatie en daaruit voortvloeiende gevolgen. Voor de inhoud van websites die in dit boek zijn opgenomen zijn enkel de exploitanten van de betreffende websites verantwoordelijk.

1ste druk 2019

Published by:

Dao Press is an imprint of
Splendid Island, Ltd

Scanbox#05927, Ehrenbergstr 16A

10245 Berlijn - Duitsland

Alle rechten voorbehouden

www.ingramcontent.com/pod-product-compliance
Lightning Source LLC
Chambersburg PA
CBHW021932170526
45157CB00005B/2295